Las casas de los animales
Nidos de aves

Ethan Danielson
Traducido por Alberto Jiménez

Nueva York

Published in 2016 by The Rosen Publishing Group, Inc.
29 East 21st Street, New York, NY 10010

Copyright © 2016 by The Rosen Publishing Group, Inc.

All rights reserved. No part of this book may be reproduced in any form without permission in writing from the publisher, except by a reviewer.

First Edition

Editor: Sarah Machajewski
Book Design: Mickey Harmon
Spanish Translation: Alberto Jiménez

Photo Credits: Cover, p. 1 (birds) FloridaStock/Shutterstock.com; cover, pp. 3, 4, 6, 8, 10, 12, 14, 16, 18, 20, 22–24 (hay) Chaikovskiy Igor/Shutterstock.com; cover, pp. 1, 3, 4, 6–12, 14, 16, 18–20, 22–24 (magnifying glass shape), musicman/Shutterstock.com; p. 5 Paul Nicklen/National Geographic/Getty Images; p. 7 (water nest) Stacy Ann Alberts/Shutterstock.com; p. 7 (owl) Wayne Lynch/All Canada Photos/Getty Images; p. 7 (woven nest) Dave Montreuil/Shutterstock.com; p. 9 (main) Marc Moritsch/National Geographic/Getty Images; p. 9 (inset) Elliotte Rusty Harold/Shutterstock.com; p. 11 (inset) Twenty20 Inc/Shutterstock.com; p. 11 (main) Emi/Shutterstock.com; p. 13 (penguin) Tshooter/Shutterstock.com; p. 13 (eagle) Phillip Rubino/Shutterstock.com; p. 15 kojihirano/Shutterstock.com; p. 17 (main) EcoPrint/Shutterstock.com; p. 17 (bird) Sam DCruz/Shutterstock.com; p. 19 (main) http://upload.wikimedia.org/wikipedia/commons/8/8b/Natural_Bird%27s_Nest_in_Thai_Bird%27s_Nest_Island..jpg; p. 19 (inset) feathercollector/Shutterstock.com; p. 21 wizdata/Shutterstock.com; p. 22 INSAGO/Shutterstock.com.

Cataloging-in-Publication Data

Danielson, Ethan, 1956- author.
 Nidos de aves / Ethan Danielson, translated by Alberto Jiménez.
    pages cm. — (Las casas de los animales)
Includes bibliographical references and index.
ISBN 978-1-4994-0563-7 (pbk.)
ISBN 978-1-4994-0562-0 (6 pack)
ISBN 978-1-4994-0561-3 (library binding)
1. Birds—Nests—Juvenile literature. 2. Birds—Juvenile literature. I. Title. II. Series: Inside animal homes.
QL675.D23 2016
598.156'4—dc23

Manufactured in the United States of America

CPSIA Compliance Information: Batch #WS15PK: For Further Information contact Rosen Publishing, New York, New York at 1-800-237-9932

Contenido

Casas distintas 4

Por todo el mundo 6

Sus cuerpos. 8

Todo sobre los picos 10

Alas de ave 12

Construir nidos 14

Hacer una casa 16

Sitio, sitio, sitio 18

Crías en el nido 20

¡Ni te acerques! 22

Glosario 23

Índice 24

Sitios de Internet. 24

Casas distintas

El hogar es una parte muy importante en la vida de las personas. Es un lugar donde vivir y protegerse de las **condiciones** del exterior. Las personas viven en casas grandes o pequeñas situadas en la ciudad o en el campo. Las casas pueden ser de madera, ladrillo, cristal y otros **materiales**.

Pero las personas no son las únicas criaturas que construyen casas. Las aves también lo hacen, aunque las suyas son muy diferentes de las nuestras. Vamos a mirar de cerca las casas de las aves.

Visto desde dentro

¿Cuál es la casa más grande que has visto? El nido más grande de ave fue construido en 1963 por un par de águilas calvas. Tenía casi 10 pies (3 m) de ancho ¡y 20 pies (6 m) de profundidad! Los científicos creen que pesaba unas 4,409 libras (2,000 kg).

¿En qué se diferencian estas casas de aves de la tuya?

Por todo el mundo

Hay unas 10,000 especies, o clases, de aves, y viven por todo el mundo. Se encuentran tanto en nuestro barrio como en lugares tan extremos como la Antártida o en las laderas de las montañas. El gran búho blanco, o búho nival, que vive al norte del círculo polar ártico, construye su nido sobre terrenos elevados, donde el viento barre la nieve.

Las clases de aves que viven en un sitio no siempre se encuentran en otro. Las diferentes especies han sufrido **adaptaciones** para poder vivir en ciertos **hábitats**.

Estas aves viven en distintas partes del mundo, lo que afecta la apariencia de sus nidos.

Sus cuerpos

Hay aves de muchas formas y tamaños, pero todas comparten los mismos rasgos: dos patas, un pico, dos alas y plumas. Sin embargo, cómo son sus rasgos característicos, y cómo los usan, puede variar mucho. También nos dicen cómo viven las aves. Las aves pequeñas (llamadas pájaros), como el petirrojo y el arrendajo azul, tienen patas adecuadas para caminar y **posarse**. Las aves acuáticas, como los patos y los pingüinos, tienen patas adecuadas para nadar. Las **aves de presa**, como los búhos y las águilas, cuentan con garras afiladas que les ayudan a cazar lo que comen.

Visto desde dentro

El ave más pequeña del mundo es el pájaro mosca, o colibrí zunzuncito, de unas 2.5 pulgadas (6.4 cm) de largo. La más grande es el avestruz, ¡que puede alcanzar hasta 9 pies (2.7 m) de altura!

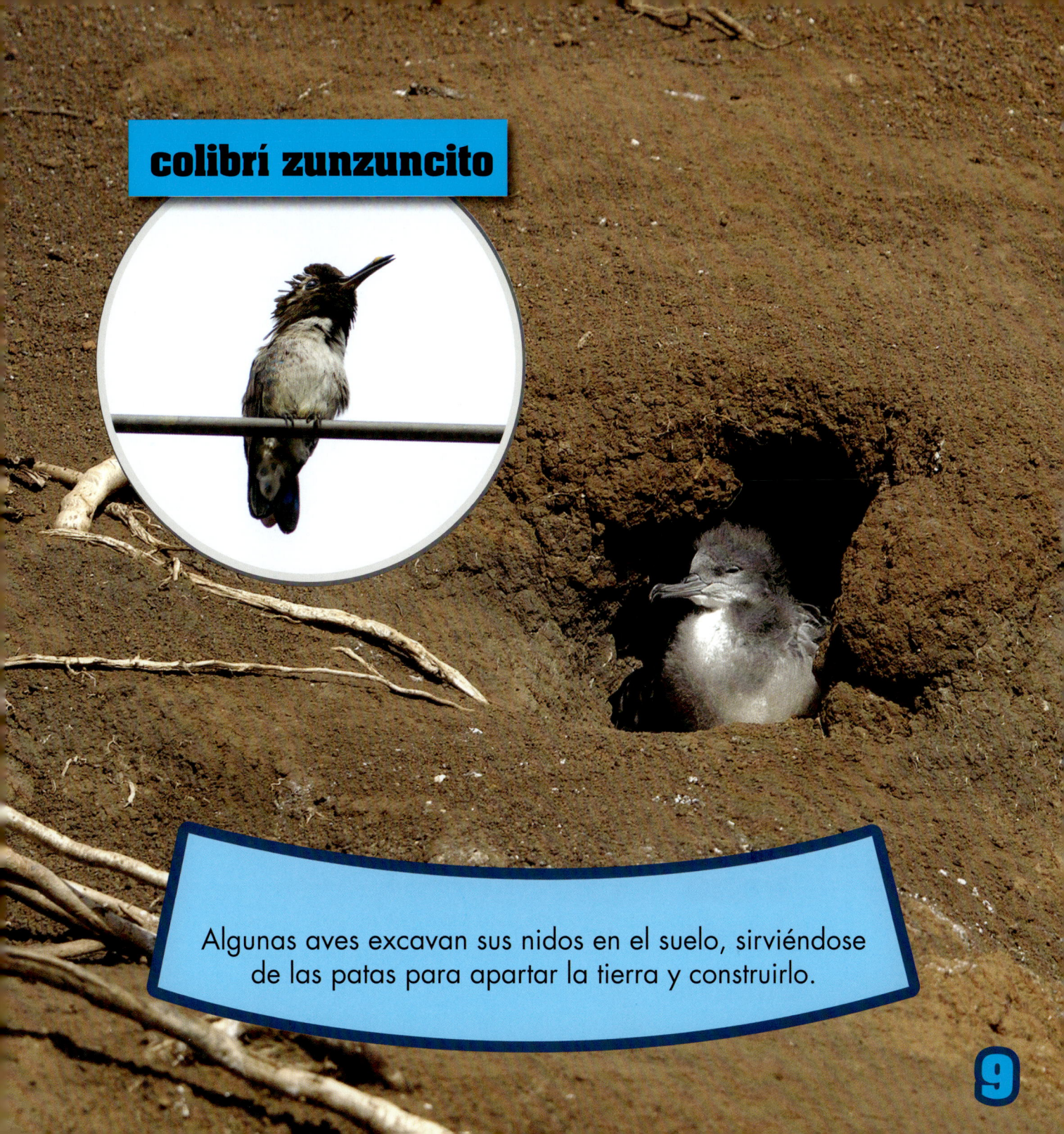

colibrí zunzuncito

Algunas aves excavan sus nidos en el suelo, sirviéndose de las patas para apartar la tierra y construirlo.

Todo sobre los picos

La forma y el tamaño del pico de un ave nos proporciona información sobre cómo vive. El pico sirve para comer. Los que son cortos y redondeados ayudan a ciertos pájaros, como los cardenales, a cascar frutos secos y semillas. El pico largo y estrecho del colibrí le permite libar el néctar de las flores. El del pelícano, grande y con una bolsa, ¡es perfecto para pescar!

Las aves también usan el pico para construir sus nidos. Recogen palos, paja y otros materiales de construcción para hacer sus casas.

Visto desde dentro

Los pájaros carpinteros usan el pico como una herramienta para construir sus nidos. Golpean los troncos con el pico hasta abrir un agujero, y luego se valen del pico y de la lengua para quitar los insectos y los restos de madera.

pájaro carpintero

El mirlo utiliza su pico para recoger materiales con los que construir su nido.

Alas de ave

Las alas son el rasgo más característico de las aves. La mayoría las utilizan para volar. Las alas se componen de **músculos** y huesos que trabajan juntos para que suban y bajen. Gracias a los músculos, las aves tienen fuerza para emprender el vuelo. La forma y posición de sus alas, es lo que les permite mantenerse en el aire.

Aunque todas las aves tienen alas, no todas vuelan. Los pingüinos no vuelan, usan sus alas a modo de aletas. Los avestruces tampoco vuelan, utilizan sus alas para mantener el equilibrio mientras corren.

Las aves están cubiertas de plumas que mantienen sus cuerpos secos, y las **protegen** del calor y del frío. Ciertas aves cambian el plumaje una vez al año, lo que se llama muda.

13

Construir nidos

Las aves son buenas constructoras de nidos porque muchas partes de su cuerpo las ayudan en esta labor. Con el pico y las patas acarrean materiales, y con las alas aplanan o suavizan sus nidos.

La supervivencia de las aves depende mucho del nido, porque protege los huevos y los polluelos. Algunas lo construyen con lo que encuentran en la naturaleza. Las que anidan en cavidades, como el estornino pinto, viven en **construcciones** que ya existen, por ejemplo en los edificios. El mochuelo de madriguera vive en… ¿lo adivinas?, madrigueras. Estos son solo unos pocos ejemplos.

Visto desde dentro

Las alcas y los araos ponen los huevos directamente sobre las rocas. No construyen nidos con materiales naturales como otras especies.

Muchas aves del desierto, o de hábitats secos y calientes, construyen sus nidos ¡dentro de un cactus! El carpintero de Gila desértico hace un agujero en el cactus con el pico y después ahueca la planta.

Hacer una casa

Las aves construyen su nido con lo que encuentran en sus hábitats, como ramitas, arena, hojas y cualquier cosa que les parezca útil. **Colocan** estos materiales en forma de cuenco para que sus huevos no resbalen y se caigan.

Algunos nidos son sencillos; por el ejemplo, el que se llama escarbado es simplemente una depresión en el suelo. Otros son muy **complejos**. El tejedor republicano los construye tan grandes que ¡pueden albergar hasta 400 aves! Las entradas, techos y paredes internas están cubiertas de materia vegetal suave.

Visto desde dentro

El excremento es un importante material de construcción para ciertas aves. Las hembras del cálao bicorne sellan las paredes internas del nido ¡con su propio excremento! Lo único que puede entrar es el alimento que el macho entrega a través de un pequeño agujero.

Los tejedores republicanos trabajan mucho para cuidar su nido. Siempre están añadiendo nuevos materiales para mantenerlo en buenas condiciones. Se los puede oír llamándose unos a otros mientras trabajan.

Sitio, sitio, sitio

Al pensar en un nido, te imaginas un montón de ramitas en un árbol o en sus ramas. Sin embargo, las aves pueden construir sus nidos en casi todas partes.

La golondrina risquera construye su nido en las paredes de los acantilados. El nido de la focha americana por lo general es un montón de palos colocados en medio del agua. Hay nidos debajo de los puentes, en los establos y en los edificios. Lo importante es que los depredadores no puedan alcanzarlos. El nido debe estar a suficiente altura o lo bastante escondido para que los depredadores no lo alcancen o no lo vean.

nidos

Las salanganas construyen sus nidos en cuevas montañosas alejadas de la gente. Sin embargo, la gente busca sus nidos porque son comestibles y se consideran muy sanos… ¡aunque están hechos con escupitajos de ave!

Crías en el nido

Una vez hecho el nido, las aves deben dedicarse a otra labor: ¡poner huevos! La mayoría ponen entre 3 y 5 durante la temporada de puesta, pero el número puede variar según la especie.

Las aves se sientan sobre los huevos para mantenerlos calientes, lo que ayuda a crecer a los polluelos, que después de romper la cáscara y salir, permanecen seguros en el nido. Al principio no pueden ver ni volar, así que sus padres les llevan comida hasta que pueden valerse por sí mismos y abandonar el nido.

Visto desde dentro

El tirano, el arrendajo azul, el sinsonte y la urraca protegen mucho a sus polluelos. Si un depredador se acerca al nido, se lanzan en picado contra él o baten las alas hasta que consiguen ahuyentarlo.

Los padres salen en busca de alimento para llevárselo a sus crías. Una vez que vuelven al nido, los polluelos ¡estiran el cuello y abren mucho la boca para ser alimentados!

¡Ni te acerques!

Si hay algo que aprender cuando estudiamos los nidos es que las 10,000 especies de ave que existen son muy distintas. La forma del nido depende tanto del ave que lo hizo como del lugar dónde vive y cómo vive.

Si ves un nido, ¡ni te acerques! A las aves no les gusta que la gente se acerque a sus nidos, y es posible que no vuelvan al nido si alguien lo toca. Si no tocamos los nidos ayudamos a proteger a las aves.

Glosario

adaptación: Cambio que ayuda a un ser vivo a vivir mejor en su hábitat.

ave de presa: Ave que caza otros animales para alimentarse.

colocar: Poner las cosas en orden.

complejo: Que se compone de distintos elementos.

condición: Estado de algo.

construcción: Edificio u otro objeto.

hábitat: Hogar natural de una planta, un animal u otro ser vivo.

material: Materia con la que se hace algo.

músculo: Parte corporal gracias a la que se produce el movimiento.

posarse: Descansar sobre algo.

proteger: Mantener seguro.

Índice

A
águilas, 4, 5, 8
alas, 8, 12, 14, 20
alcas, 14
anidan en cavidades, 14
araos, 14

C
cálao bicorne, 16
carpintero de Gila, 15

E
escarbado, 16
especies, 6, 14, 20, 22
estornino pinto, 14

F
focha americana, 18

G
golondrina risquera, 18

H
hábitats, 6, 15, 16, 23
huevos, 14, 16, 20

M
madrigueras, 14
material(es), 4, 10, 11, 14, 16, 17, 23
mirlo, 11
mochuelo de madriguera, 14

N
nidos comestibles de salanganas, 19

P
pájaro(s) carpintero(s), 10, 11
patas, 8, 9, 14
pico, 8, 10, 14, 15
plumas, 8, 12
polluelos, 14, 20, 21

T
tejedores republicanos, 16, 17

Sitios de Internet

Debido a que los enlaces de Internet cambian a menudo, PowerKids Press ha creado una lista de los sitios Internet que tratan sobre el tema de este libro. Este sitio se actualiza con regularidad. Por favor, usa este enlace para ver la lista:
www.powerkidslinks.com/home/bird